LÉGISLATION

CONCERNANT

LE BULLETIN DES LOIS, LE MONITEUR DES COMMUNES

ET

LE BULLETIN DES COMMUNES.

LÉGISLATION

CONCERNANT

LE BULLETIN DES LOIS, LE MONITEUR DES COMMUNES

ET

LE BULLETIN DES COMMUNES.

TABLE.

2ᵉ PARTIE. — DISPOSITIONS SPÉCIALES.

FIXATION DES PRIX D'ABONNEMENT OU DE VENTE.

TIRAGE.

SERVICE GRATUIT.

1ʳᵉ PARTIE.

RÉGLEMENTATION GÉNÉRALE.

Décret de l'Assemblée nationale, du 9 janvier 1791.
(N° 388 de la Collection antérieure.)

Art. 4. L'Assemblée ordonne qu'il sera procédé, aux frais de la nation et sous la surveillance du Garde des sceaux, à une édition complète et au nombre de 2,000 exemplaires de tous les décrets rendus jusqu'à ce jour, acceptés ou sanctionnés par le Roi, dont un desdits exemplaires sera envoyé à tous les tribunaux de justice, commissaires du roi, districts, départements et bureaux de conciliation, de telle sorte qu'aucun de ces corps ne puisse à l'avenir prétexter l'ignorance des décrets.

Décret de la Convention nationale, du 14 frimaire an II.
(N° 1950 de la Collection antérieure.)

Article premier. Les lois qui concernent l'intérêt public ou qui sont d'une exécution générale seront imprimées séparément dans un bulletin numéroté, qui servira désormais à leur notification aux autorités constituées. Ce bulletin sera intitulé : *Bulletin des lois de la République.*

Art. 2. Il y aura une imprimerie exclusivement destinée à ce bulletin, et une commission composée de quatre membres pour en suivre les épreuves et pour en expédier l'envoi. Cette commission, dont les membres seront personnellement responsables de la négligence et des retards dans l'expédition, est placée sous la surveillance immédiate du comité de salut public.

Art. 3. La commission de l'envoi des lois réunira dans ses bureaux les traducteurs nécessaires pour traduire les décrets en différents idiomes encore usités en France, et en langues étrangères pour les lois, discours, rapports et adresses dont la publicité dans les pays étrangers est utile aux intérêts de la liberté et de la République française; le texte français sera toujours placé à côté de la version.

Art. 4. Il sera fabriqué un papier particulier pour l'impression de ce bulletin, qui portera le sceau de la République : les lois y seront imprimées telles qu'elles sont délivrées par le comité des procès-verbaux; chaque numéro portera de plus ces mots : *Pour copie conforme*, et le contre-seing de deux membres de la commission de l'envoi des lois.

Art. 5. Les décrets seront délivrés par le comité des procès-verbaux à la commission de l'envoi des lois, et, sur sa réquisition, le jour même où leur rédaction aura été approuvée; et la lecture de cette rédaction sera faite au plus tard le lendemain du jour où le décret aura été rendu.

Art. 6. L'envoi des lois d'une exécution urgente aura lieu dès le lendemain de l'approbation de leur rédaction. Quant aux lois moins pressantes ou très-volumineuses, leur expédition ne pourra être retardée plus de trois jours après l'adoption de leur rédaction.

Art. 7. Le *Bulletin des lois* sera envoyé par la poste aux lettres. Le jour du départ et le jour de la réception seront constatés de la même manière que les paquets chargés.

Aʀt. 8. Ce bulletin sera adressé directement, et jour par jour, à toutes les autorités constituées, et à tous les fonctionnaires publics chargés, ou de surveiller l'exécution, ou de faire l'application des lois. Ce bulletin sera aussi distribué aux membres de la Convention.

Aʀt. 9. Dans chaque lieu, la promulgation de la loi sera faite, dans les vingt-quatre heures de la réception, par une publication au son de trompe ou de tambour; et la loi deviendra obligatoire à compter du jour de la promulgation.

Aʀt. 10. Indépendamment de cette proclamation, dans chaque commune de la République, les lois seront lues aux citoyens dans un lieu public, chaque décadi, soit par le maire, soit par un officier municipal, soit par les présidents de section.

Aʀt. 11. Le traitement de chaque membre de la commission de l'envoi des lois sera de huit mille livres. Ces membres seront nommés par la Convention, sur une liste présentée par le comité de salut public.

Aʀt. 12. Le comité de salut public est chargé de prendre toutes les mesures nécessaires pour l'exécution des articles précédents, et d'en rendre compte tous les mois à la Convention.

. . . .

Décret de la Convention, du 25 nivôse an II.

(N° 2072 de la Collection antérieure.)

Dispositions concernant la fabrication du papier destiné au *Bulletin des lois.*

Décret de la Convention, du 22 germinal an II.

(N° 2311 de la Collection antérieure.)

Règlement de l'empreinte que portera en filigrane le papier destiné à l'impression des lois.

Loi du 30 thermidor an II.

(Bulletin des lois, 1re série, n° 40, p. 4.)

LA CONVENTION NATIONALE, après avoir entendu le rapport de son comité des décrets sur les lettres de la commission des administrations civiles, police et tribunaux, tendant à savoir si, lorsque le dernier article d'un décret porte ces mots : « le « présent décret ne sera point imprimé, il sera seulement inséré « au Bulletin », la Convention nationale entend le *Bulletin des lois*, ou le Bulletin de correspondance, PASSE à l'ordre du jour, motivé sur l'article premier de la section première de la loi du 14 frimaire.

LA CONVENTION NATIONALE DÉCRÈTE :

ARTICLE PREMIER. Les lois d'intérêt public ou d'exécution générale, dont elle aurait ordonné, pour des motifs particuliers, la promulgation par la voie du Bulletin de correspondance, seront néanmoins imprimées dans le *Bulletin des lois.*

ART. 2. Aucun décret dont l'objet sera individuel ou local ne sera imprimé dans le *Bulletin des lois,* à moins que la Convention n'en ordonne autrement.

ART. 3. Les lois qui auront pour objet un intérêt public ou qui seront d'une exécution générale porteront cette disposition : « Le présent décret sera imprimé dans le *Bulletin des* « *lois.* » Les décrets qui n'auront pour objet qu'un intérêt local

ou individuel porteront cette disposition : « Le présent décret
« sera inséré au Bulletin de correspondance. »

Art. 4. Le rapport qui a précédé le présent décret sera inséré au Bulletin de correspondance.

Loi du 6 vendémiaire an III.

(Bulletin des lois, 1ʳᵉ série, n° 64, p. 3.)

Publication trimestrielle d'une table alphabétique des lois
insérées au *Bulletin des lois*.

Loi du 8 pluviôse an III.

(Bulletin des lois, 1ʳᵉ série, n° 117, p. 4.)

La Convention nationale, après avoir entendu le rapport de
ses comités de salut public, des transports, postes et messageries, et des décrets, procès-verbaux et archives, décrète :

Article premier. L'imprimerie établie pour l'expédition des
lois, conformément au décret du 14 frimaire de l'an second,
continuera d'être régie et administrée au nom de la République,
sous la dénomination d'*Imprimerie nationale*, par l'agence de
l'envoi des lois.

Art. 2. Cette agence ne sera plus composée que de deux
membres responsables, nommés par la Convention nationale
sur la présentation du comité des décrets, procès-verbaux et
archives, et dépendant de la commission des administrations
civiles, police et tribunaux.

Art. 3. Cette imprimerie sera destinée à l'impression :
1° des lois dans la forme qui va être déterminée ; 2° des rap-

ports, adresses et proclamations dont l'envoi aura été ordonné par la Convention nationale; 3° des arrêtés pris par les comités pour l'exécution des lois, et de la notice distribuée aux membres de la Convention, en exécution de l'article 31 de la loi du 7 fructidor ; 4° des circulaires, états et modèles relatifs à l'exécution des lois ou des arrêtés, et faits par ordre des comités ; 5° des éditions originales des ouvrages d'instruction publique adoptés par la Convention nationale ; 6° et de tous les ouvrages de sciences et d'arts qui seront imprimés par ordre de la Convention et aux frais de la République.

Art. 4. Le comité des décrets, procès-verbaux et archives, sous la surveillance duquel cet établissement est mis, fera faire sans délai un inventaire exact de tous les poinçons, matrices, caractères, presses et autres objets qui en composent le fonds.

Art. 5. Les lois qui sont d'une exécution générale seront envoyées à l'agence par le comité des décrets, procès-verbaux et archives, le lendemain du jour où leur rédaction définitive aura été approuvée, pour être imprimées sur-le-champ dans le format qui sera réglé, et par série de numéros.

Art. 6. L'agence fera tirer le nombre d'exemplaires de chaque numéro de lois, rapports, adresses ou proclamations qui sera jugé nécessaire pour la distribution aux membres de la Convention nationale, et l'envoi direct aux commissions exécutives, au tribunal de cassation, aux administrations de département et de district, et aux tribunaux criminels et civils. Elle fournira à l'administration du département de Paris le nombre d'exemplaires nécessaire pour les autorités constituées et fonctionnaires publics de son arrondissement.

Art. 7. Il en sera adressé deux exemplaires à chacune des autres administrations de département, et un seulement aux tribunaux criminels de département, aux administrations et aux tribunaux de district.

Art. 8. Aussitôt la réception des lois et autres envois, l'administration de département sera tenue, sous la responsabilité de chacun de ses membres, de faire réimprimer, dans le même format, chaque numéro, en autant d'exemplaires qu'il en sera nécessaire pour les envois à faire à toutes les autorités constituées de son arrondissement, et à tous les fonctionnaires qui y exercent individuellement des fonctions publiques : le comité des décrets, procès-verbaux et archives en arrêtera l'état par département.

Art. 9. L'administration de département enverra, sans retard, à chaque district, le nombre d'exemplaires nécessaire pour toutes les autorités constituées et les fonctionnaires publics désignés de son arrondissement. Les agents nationaux seront tenus de surveiller la célérité de l'envoi qui leur en sera fait.

Art. 10. Les administrations de district régleront sans délai les moyens de concilier, suivant les localités, l'économie avec la célérité et la sûreté de ces envois, et proposeront au comité des transports, postes et messageries les mesures de réforme et de changement convenables dans l'établissement actuel des piétons; et néanmoins elles suspendront provisoirement le service de ceux des piétons qu'elles jugeront inutiles.

Art. 11. Les lois relatives aux armées de terre et de mer, et qui ne seraient point obligatoires pour les autorités civiles, ne seront ni réimprimées par les administrations de département, ni envoyées dans les communes : l'agence de l'envoi sera tenue de les adresser directement aux commissions exécutives qu'elles intéressent, et de fournir à celles-ci, sur leur réquisition, les exemplaires nécessaires pour les envois qu'elles auront à en faire aux différentes autorités civiles ou militaires qui devront les faire exécuter.

Art. 12. Les administrations de district justifieront à celle du département, dans le délai d'une décade, à dater, de la réception des lois et autres envois, de leur transmission aux autorités constituées et aux fonctionnaires publics de leur arrondissement.

Art. 13. Les administrations de département, indépendamment de l'accusé de réception qu'elles seront obligées de fournir sur-le-champ à l'agence de l'envoi des lois, certifieront, dans le délai de deux décades, le comité des décrets, procès-verbaux et archives, de la réimpression des lois, rapports, adresses et proclamations, de leur envoi aux administrations de district, et de la transmission que celles-ci en auront faite aux autorités constituées et aux fonctionnaires publics.

Art. 14. La collection authentique des lois et autres envois formera un dépôt qui ne pourra, sous aucun prétexte, être tiré des secrétariats des autorités constituées et des greffes des tribunaux; et lorsqu'un fonctionnaire public, auquel ils auront été adressés, sera remplacé, il sera tenu d'en transmettre la collection à son successeur.

Art. 15. Le comité des décrets, procès-verbaux et archives est autorisé à prendre ou à maintenir, pour l'exécution des dispositions précédentes, les arrêtés convenables.

Art. 16. Les dispositions des lois antérieures auxquelles il n'est pas dérogé par le présent décret sont expressément maintenues.

*Loi du **28** pluviôse an III.*
(Bulletin des lois, 1ʳᵉ série, n° 126, p. 1.)

La Convention nationale, sur la proposition d'un membre de changer le titre de *Bulletin des lois*, et de lui substituer celui de *Lois de la République*,

Décrète cette proposition.

Loi du 12 vendémiaire an IV.

(Bulletin des lois, 1re série, n° 192, p. 6.)

LA CONVENTION NATIONALE DÉCRÈTE :

ARTICLE PREMIER. Aussitôt qu'une loi ou un acte du Corps législatif sera revêtu des formes de publication prescrites par la Constitution, le ministre de la justice, par ordre du Directoire exécutif, le fera imprimer et publier sans retard dans un bulletin officiel, à moins que l'envoi manuscrit n'en soit ordonné par le Corps législatif; et, dans ce dernier cas, le bulletin contiendra l'intitulé de la loi.

Ce bulletin sera intitulé *Bulletin des lois,* et contiendra les lois et les actes du Corps législatif, ainsi que les proclamations et les arrêtés du Directoire exécutif pour assurer l'exécution des lois : aucun autre écrit n'y sera inséré.

ART. 2. Toute résolution du Conseil des Cinq-Cents, et même tout projet de résolution dont ce Conseil aura ordonné l'impression et l'ajournement, seront insérés dans un feuilleton qui accompagnera le *Bulletin des lois.*

Le feuilleton sera intitulé : *Feuilleton des résolutions et des projets de résolution.* On y lira en tête de chaque première page cet avertissement : *Les dispositions suivantes ne sont pas des lois; elles n'obligent pas les citoyens.*

Les rapports et les opinions dont l'impression et l'envoi seraient ordonnés par une loi seront insérés au feuilleton.

ART. 3. Chaque numéro, tant du Bulletin que du feuilleton, sera empreint de signes extérieurs d'authenticité, fixés par délibération du Directoire exécutif.

ART. 4. Immédiatement après l'impression, le Bulletin et le feuilleton seront adressés, par le ministre de la justice, aux présidents des administrations départementales et municipales, au président du bureau central dans les municipalités au-dessus de cent mille âmes, au président du tribunal de cassation, aux présidents des tribunaux civils, correctionnels et de commerce, aux présidents et accusateurs publics des tribunaux criminels, aux juges de paix, aux ambassadeurs, aux envoyés et aux consuls de la République.

ART. 5. Le ministre de la justice les fera passer en même temps aux autres ministres, à ses commissaires près les tribunaux, à leurs substituts, à ses commissaires près les administrations départementales et municipales.

ART. 6. Il les fera parvenir également, sans délai, aux commissaires ordonnateurs et ordinaires des guerres, aux chefs d'état-major et d'administration maritime; il les adressera aussi à chacun des membres du Corps législatif.

ART. 7. De trois mois en trois mois, un cahier des lois rendues pendant le dernier trimestre, ainsi qu'un exemplaire de chacun des recueils de lois par ordre de matières, lorsqu'il en sera formé, sera envoyé à chaque tribunal, dans la personne du greffier; à chaque corps administratif, dans celle du secrétaire; à chaque secrétariat d'ambassadeur de la République, dans la personne du secrétaire d'ambassade; à chaque consulat, dans la personne du chancelier; à chaque bibliothèque nationale, dans la personne du principal bibliothécaire. Lesdits exemplaires y resteront déposés à perpétuité, pour l'utilité publique.

Ces cahiers et recueils seront empreints des mêmes caractères d'authenticité que le *Bulletin des lois*.

ART. 8. Tout citoyen auquel le Bulletin et le feuilleton ne devront pas être envoyés gratuitement pourra s'en procurer des exemplaires par voie d'abonnement et de souscription.

ART. 9. L'abonnement sera fixé par le ministre de la justice, sous la surveillance du Directoire exécutif, à un prix modéré, de manière qu'il couvre seulement les frais du papier, d'impression, de distribution et de transport.

Art. 10. Dans le principal bureau de la poste aux lettres de chaque commune de cinq mille habitants et au-dessus, un des commis sera chargé de recevoir les abonnements, et de fournir, à un prix également modéré, les numéros séparés du Bulletin officiel et les cahiers séparés de chaque trimestre. Le Directoire fera donner les ordres nécessaires, à cet effet, aux administrateurs des postes.

Art. 11. En conséquence de la présente loi, il ne sera plus fait de publication des lois par lecture publique, par réimpression ni affiche, ni à son de trompe ou de tambour, en aucun département, aux frais de la République, si ce n'est lorsque ces formalités seront expressément ordonnées par un article de la loi.

Pourront néanmoins le Directoire exécutif et chaque administration départementale ou municipale, ou de bureau central dans les municipalités au-dessus de cent mille habitants, par délibération spéciale, ordonner, soit pour les lois anciennes ou récentes, soit même pour des règlements, telles de ces formalités particulières qu'ils jugeront convenables.

Art. 12. Néanmoins les lois et actes du Corps législatif obligeront dans l'étendue de chaque département, du jour auquel le Bulletin officiel où ils seront contenus sera distribué au chef-lieu du département.

Ce jour sera constaté par un registre où les administrateurs de chaque département certifieront l'arrivée de chaque numéro.

Arrêté du Directoire exécutif, du 12 brumaire an iv.

(Bulletin des lois, 2ᵉ série, nᵒ 1, p. 1.)

Règlement provisoire des signes extérieurs d'authenticité du *Bulletin des lois.*

Arrêté du Directoire, du 15 brumaire an iv.

(Bulletin des lois, 2ᵉ série, nᵒ 2, p. 7.)

Fixation des caractères d'authenticité qui seront provisoirement donnés aux copies manuscrites des lois et à la signature des bulletins.

Loi du 15 nivôse an iv.

(Bulletin des lois, 2ᵉ série, nᵒ 17, p. 5.)

. . . .

Le Conseil des Cinq-Cents, considérant qu'il est instant de réduire autant que possible les frais d'impression des lois et de les borner aux seuls cas où les lois comprennent des intérêts généraux, déclare qu'il y a urgence.

Après avoir déclaré l'urgence, le Conseil résout ce qui suit :

Toutes les résolutions seront terminées par ces mots : « La présente résolution sera ou ne sera pas imprimée. »

Arrêté du Directoire, du 25 pluviôse an iv.

(Bulletin des lois, 2ᵉ série, nᵒ 28, p. 1.)

Fixation de la justification et de diverses conditions de forme du *Bulletin des lois.*

Arrêté du Directoire, du 22 floréal an IV.
(Bulletin des lois, 2ᵉ série, n° 47, p. 1.)

Détermination de la forme de la vignette destinée à servir de frontispice au *Bulletin des lois.*

Arrêté du Directoire, du 12 prairial an IV.
(Bulletin des lois, 2ᵉ série, n° 51, p. 6.)

Mode à suivre pour faire connaître aux autorités constituées l'époque à compter de laquelle les lois et actes du Gouvernement deviennent obligatoires dans chaque département.

Arrêté du Directoire, du 16 brumaire an V.
(Bulletin des lois, 2ᵉ série, n° 90, p. 2.)

Forme et type du sceau pour le *Bulletin des lois.*

Arrêté du Directoire, du 4 nivôse an V.
(Bulletin des lois, 2ᵉ série, n° 98, p. 5.)

Dispositions postales ayant pour objet d'assurer la transmission du *Bulletin des lois* aux administrations municipales et aux juges de paix des cantons ruraux.

Arrêté du Directoire, du 16 ventôse an V.
(Bulletin des lois, 2ᵉ série, n° 113, p. 2.)

Détermination de la manière dont le *Bulletin des lois* doit être remis par la poste aux fonctionnaires publics.

2

ARRÊTÉ du Directoire, du 25 fructidor an v.
(Bulletin des lois, 2ᵉ série, n° 143, p. 15.)

Disposition transitoire concernant le caractère d'authenticité du *Bulletin des lois.*

Loi du 9 vendémiaire an vi.
(Bulletin des lois, 2ᵉ série, n° 148, p. 7.)

Suppression du contre-seing et de la franchise postale, excepté en ce qui concerne le *Bulletin des lois.*

Loi du 28 germinal an vi.
(Bulletin des lois, 2ᵉ série, n° 197, p. 1.)

Organisation de la gendarmerie nationale. Envoi du *Bulletin des lois* aux chefs de division et d'escadron de ce corps.

ARRÊTÉ des Consuls, du 27 prairial an viii.
(Bulletin des lois, 3ᵉ série, n° 30, p. 3.)

Règlement sur les franchises et contre-seings. Le *Bulletin des lois* et la correspondance relative à ce recueil continueront à circuler par la poste en franchise, mais sous bandes.

ARRÊTÉ des Consuls, du 29 prairial an viii.
(Bulletin des lois, 3ᵉ série, n° 30, p. 15.)

LES CONSULS DE LA RÉPUBLIQUE, sur le rapport de la section de législation; le Conseil d'État entendu,

Arrêtent :

Article premier. Le *Bulletin des lois* sera envoyé aux maires de toutes les communes de la République, au moyen d'un abonnement.

Art. 2. La première année comprendra la Constitution de l'an VIII, et les numéros publiés et à publier de la troisième série du Bulletin, jusqu'au 1ᵉʳ vendémiaire an IX. Le prix en sera de quatre francs cinquante centimes ; celui des années suivantes sera de six francs ; il sera double pour le texte accompagné de la version allemande ou flamande.

Art. 3. Ces abonnements feront partie des dépenses communales ; et le payement en sera effectué par les percepteurs entre les mains du receveur particulier d'arrondissement, sur le recouvrement des centimes additionnels.

Art. 4. Tous les fonctionnaires publics qui ne reçoivent pas officiellement le *Bulletin des lois* pourront s'y abonner au même prix, dont le versement sera fait entre les mains du receveur particulier de leur arrondissement.

Art. 5. Le produit de ces abonnements est spécialement affecté aux frais de l'impression et de l'envoi du Bulletin. Le conseiller d'État directeur général du trésor public donnera en conséquence les ordres nécessaires pour qu'il soit versé à la trésorerie nationale, et y soit tenu à la disposition du ministre de la justice.

Art. 6. Les ministres de la justice, des finances et de l'intérieur sont chargés de l'exécution du présent arrêté, qui sera inséré au *Bulletin des lois.*

Arrêté des Consuls, du 19 frimaire an x.
(Bulletin des lois, 3ᵉ série, n° 136, p. 479.)

Les Consuls de la République, sur le rapport du ministre

de la justice, et l'avis du conseil d'administration nommé par arrêté du 18 ventôse dernier;

Le Conseil d'État entendu,

ARRÊTENT ce qui suit :

TITRE PREMIER.

Organisation et comptabilité de l'Imprimerie de la République.

ARTICLE PREMIER. L'Imprimerie de la République est maintenue dans ses attributions, ainsi qu'elles ont été réglées par les lois des 8 pluviôse et 21 prairial de l'an III. Toutes les impressions du Gouvernement, des ministres et des administrations qui en dépendent y seront exécutées.

ART. 2. Cette imprimerie continuera d'être régie et administrée sous la surveillance immédiate du ministre de la justice, conformément aux dispositions de l'arrêté du 16 nivôse an V.

ART. 3. Le directeur fera dresser, dans le plus court délai, un inventaire général des poinçons, matrices, caractères, presses, machines, ustensiles et meubles de l'établissement. Une expédition en sera déposée dans les bureaux du ministère de la justice et une autre dans ceux du ministère des finances.

ART. 4. Il tiendra de plus, 1° un registre de l'actif en matières, et de leur consommation journalière, ainsi que des approvisionnements successifs;

2° Un registre journal des travaux et dettes actives et passives;

3° Un registre journal de caisse, ou des recettes et dépenses effectives.

Ces trois registres seront cotés et chiffrés par le ministre.

Ils seront balancés pour chaque trimestre, et arrêtés par le ministre, ainsi que le compte des recettes et dépenses, dans le premier mois du trimestre suivant.

Tous les marchés de fournitures générales et particulières

qui excéderont la somme de cinq cents francs ne pourront être exécutés qu'après l'approbation du ministre.

Art. 5. A compter du 1er vendémiaire an x, les dépenses dites du fonds de l'Imprimerie et celles de l'envoi des lois ne seront plus à la charge du trésor public : elles seront prises, comme toutes les autres dépenses de l'établissement, sur ses divers produits, résultant soit des ordonnances délivrées par les ministres pour frais d'impression de leurs ministères, soit des ouvrages de sciences et arts, soit enfin des abonnements officiels et particuliers.

Art. 6. Lorsqu'il sera imprimé des ouvrages susceptibles de la vente au public, les exemplaires qui en auront été tirés au delà du nombre nécessaire pour le service du Gouvernement ne pourront être vendus qu'au profit de l'Imprimerie de la République.

Art. 7. S'il existe dans une année un excédant de recette, il sera affecté à des améliorations et augmentations qui seront préalablement autorisées par le ministre de la justice ou aux besoins de l'année suivante.

Art. 8. Les sommes dues par différents ministères à l'Imprimerie de la République, pour impressions des années v, vi et vii, seront, pour la régularité de la comptabilité, portées en distribution et ordonnancées au profit de l'Imprimerie de la République par chaque ministre, pour la somme due par son département.

Ces ordonnances seront imputées sur les bénéfices dont l'imprimerie aurait eu à compter au trésor public; le directeur de l'Imprimerie recevra, en échange des ordonnances sur lesquelles il aura mis son acquit, des récépissés de pareilles sommes qui lui seront délivrés par le caissier des recettes du trésor public.

Art. 9. L'arriéré dû par les ministres pour les années viii et ix sera payé sur des fonds qui seront spécialement mis à leur disposition, d'après un état distinct de demande que le ministre de la justice en remettra, chaque mois, à celui du trésor public, pour être approuvé au conseil des finances.

Art. 10. Les ministres ordonnanceront, tous les mois, le montant de leurs frais d'impression pour l'année courante, sur les mémoires qui en seront présentés dans la forme ordinaire par le directeur de l'Imprimerie, et portés, par article séparé, dans l'état de distribution.

TITRE II.

Envoi des lois, abonnement au Bulletin.

Art. 11. Le Bulletin des lois sera imprimé dans la forme actuelle, et envoyé gratuitement aux autorités constituées et aux fonctionnaires publics qui jusqu'à ce jour l'ont reçu de cette manière.

Art. 12. Après l'impression du Bulletin, les lois, règlements et arrêtés qui y auront été insérés seront imprimés dans le même format, chacun sur une feuille séparée.

Les lois ainsi détachées seront fournies aux ministres, aux conseillers d'État, aux préfets, aux présidents et commissaires des tribunaux d'appel.

Il sera reçu des abonnements particuliers pour l'édition des actes insérés au Bulletin par feuilles séparées.

Art. 13. Lorsqu'une loi ou un arrêté sera accompagné d'un ordre d'urgence du premier Consul, le directeur de l'imprimerie sera tenu, sous sa responsabilité, d'en remettre, dans les vingt-quatre heures de la réception, un exemplaire imprimé au secrétaire d'État et un autre au ministre de la justice.

Art. 14. Les receveurs généraux de département seront tenus de verser, en bons à vue, au trésor public, le montant général de l'abonnement des maires, par tiers, dans les trois premiers trimestres de chaque année. Ils adresseront au ministre de la justice des états détaillés des abonnements composant ces versements, dans la première décade des mois de nivôse, germinal et messidor.

ART. 15. Les receveurs généraux sont autorisés à retenir, sur le montant de ces abonnements, un centime par franc de remise et taxation.

ART. 16. L'abonnement commun aux citoyens sera payé entre les mains des directeurs de bureaux de poste des communes d'une population au moins de cinq mille habitants. On pourra aussi se procurer par la même voie les numéros détachés du Bulletin, au prix de trois décimes par feuille de seize pages.

ART. 17. Les directeurs des bureaux de poste en donneront récépissé aux parties, et adresseront au ministre de la justice un bon à vue sur la caisse générale des postes, au nom du directeur de l'Imprimerie, du montant des fonds provenant soit de cet abonnement, soit des numéros détachés. Ils compteront de ces recettes à l'administration des postes, comme de leurs autres recettes; et celle-ci acquittera les bons à vue au directeur de l'Imprimerie, lorsqu'il les lui présentera avec un bordereau approuvé du ministre de la justice.

ART. 18. Les ministres de la justice, de l'intérieur, des finances et du trésor public sont chargés, chacun en ce qui le concerne, de l'exécution du présent arrêté, qui sera inséré au *Bulletin des lois.*

ARRÊTÉ des Consuls, du 17 ventôse an x.
(Bulletin des lois, 3ᵉ série, nᵒ 167, p. 356.)

Suppression de l'usage de la signature griffée au bas du *Bulletin des lois.*

Décret du 6 juillet 1810.

(Bulletin des lois, 4ᵉ série, n° 301.)

Défenses à toutes personnes d'imprimer et débiter les sénatus-consultes, codes, lois et règlements d'administration publique avant leur publication par la voie du *Bulletin des lois*.

Décret du 22 janvier 1811.

(Bulletin des lois, 4ᵉ série, n° 345.)

NAPOLÉON, Empereur des Français, Roi d'Italie, Protecteur de la Confédération du Rhin, Médiateur de la Confédération suisse,

Vu le rapport de notre grand-juge ministre de la justice;

L'avis de la section de l'intérieur du Conseil d'État;

Les observations de l'auditeur inspecteur de notre Imprimerie impériale;

Notre Conseil d'État entendu,

Nous avons décrété et décrétons ce qui suit :

Article premier. Les dépenses de la distribution du *Bulletin des lois*, portées à quatre-vingt-seize mille francs pour le personnel et le matériel, sont fixées à quarante-huit mille deux cent quatre-vingt-douze francs deux centimes, conformément à l'état n° 1 joint au présent décret.

Art. 2. Le personnel est compris dans cette somme pour vingt-neuf mille six cents francs, lesquels seront répartis conformément au tableau n° 2.

Art. 3. Il pourra en outre être employé chaque année, en gratification, une somme de six mille francs, qui sera répartie par notre grand-juge ministre de la justice, sur la proposition de l'auditeur inspecteur de l'Imprimerie impériale.

Art. 4. L'auditeur inspecteur de l'Imprimerie impériale surveillera, sous les ordres de notre grand-juge ministre de la justice, seul, l'impression et distribution du *Bulletin des lois* et tout ce qui y est relatif.

Art. 5. Notre grand-juge ministre de la justice est chargé de l'exécution du présent décret, qui sera inséré au *Bulletin des lois*.

TABLEAU N° Ier.

Résumé du tableau général présenté à la section de l'intérieur le 18 novembre 1810.

	DÉPENSE proposée PAR L'AUDITEUR.
Traitement des employés (y compris les traducteurs pour 9,000 francs)	29,600ᶠ 00ᶜ
Salaire des ouvriers	3,804 37
Fourniture de papier pour les adresses	- 7,184 62
Frais d'impression des adresses	2,113 72
Chauffage, éclairage et frais de bureau, y compris l'habillement des garçons de bureau	5,589 31
	48,292 02

TABLEAU N° II.

*Tableau détaillé des dépenses du personnel de l'envoi
du Bulletin des lois.*

NOMBRE D'EMPLOYÉS.	PLACES qui LEUR SONT ASSIGNÉES.	TRAITEMENT PAR AN.	NATURE de LEUR EMPLOI.	TOTAL du TRAITEMENT.
1	Chef..............	3,600^f	....	3,600^f
1	Premier commis.....	2,000	Correspondance et registre d'abonnements.	2,000
2	Commis............	1,800		3,600
6	Employés..........	1,500	Surveillance des ouvriers, vérification des paquets et chargegements à la poste.	9,000
3	Garçon de bureau....	800	Apposition de la griffe et service général.	2,400
3	Traducteurs........	3,000	Pour leurs honoraires.	9,000
				29,600

DÉCRET du 25 mai 1811.

(Bulletin des lois, 4ᵉ série, n° 373.)

NAPOLÉON, EMPEREUR DES FRANÇAIS, ROI D'ITALIE, PROTECTEUR DE LA CONFÉDÉRATION DU RHIN, MÉDIATEUR DE LA CONFÉDÉRATION SUISSE,

Sur le rapport de notre grand-juge ministre de la justice;

Notre Conseil d'État entendu,

Nous AVONS DÉCRÉTÉ et DÉCRÉTONS ce qui suit:

ARTICLE PREMIER. A compter du 1ᵉʳ juillet prochain, le prix

de l'abonnement au *Bulletin des lois,* texte français, y compris les tables chronologique et alphabétique publiées chaque semestre, est fixé, savoir :

Pour la première série, à trente francs ;

Pour la deuxième série, à soixante-dix francs,

Pour les années postérieures et à venir, depuis et compris la troisième série, à raison de neuf francs par an, tant pour les fonctionnaires publics que pour tous les particuliers indistinctement.

ART. 2. L'abonnement des communes continuera néanmoins à être perçu, comme par le passé, à raison de six francs par an seulement.

ART. 3. Les abonnements au texte accompagné de version en langue étrangère continueront également à être payés à raison du double du prix des abonnements au texte français seul.

ART 4. En conséquence, tout abonnement par livraison cessera d'avoir lieu à l'avenir.

ART. 5. Les numéros séparés seront payés à raison de vingt centimes la feuille de seize pages d'impression.

ART. 6. La série courante du *Bulletin des lois* continuera à être adressée gratuitement aux autorités désignées en l'état annexé au présent décret, sans pouvoir excéder les proportions qui y sont déterminées.

ART. 7. Dans le cas où le service gratuit viendrait à nécessiter un plus grand nombre de distributions de la série courante, ou de nouvelles distributions des séries antérieures, elles ne pourront avoir lieu qu'au moyen d'abonnements souscrits sur les fonds des départements du ministère qui les requerront.

ART. 8. Les lois imprimées isolément continueront à être distribuées gratuitement à nos ministres, au Conseil d'État, aux cours impériales et aux préfets, en exécution de l'article 12 de l'arrêté du 19 frimaire an x, et sans pouvoir excéder le nombre de cinq cents exemplaires.

Les mêmes lois seront payées séparément, à raison de trente centimes la feuille.

Art. 9. Au moyen des prix ci-dessus fixés, l'Imprimerie impériale sera tenue de pourvoir à toutes les demandes qui lui seront adressées, quels que soient les frais de réimpression et autres qu'elles puissent exiger.

Art. 10. Elle pourvoira en outre, et à ses frais, à toutes les distributions gratuites ordonnées par les articles 6 et 8 de notre présent décret.

Art. 11. Le produit de l'abonnement des communes continuera à être prélevé sur les centimes additionnels, conformément à l'arrêté du 29 prairial an viii : les receveurs généraux en adresseront le montant au directeur de l'Imprimerie impériale, en mandats à son ordre sur la caisse de service, avec imputation d'exercice. Ces mandats, visés de l'inspecteur, seront passés à l'ordre du caissier de l'Imprimerie impériale, chargé du recouvrement, conformément aux articles 34 et 43 de notre décret du 28 mars 1809.

Art. 12. Le produit des autres abonnements et des numéros isolés et feuilles détachées sera déposé chez les directeurs des postes des villes d'une population au moins de quatre mille âmes, lesquels en adresseront le montant au directeur de l'Imprimerie impériale, en bons à vue sur la caisse générale des postes. Les fonds en seront acquittés entre les mains du caissier de l'Imprimerie impériale, sur un bordereau certifié du directeur et visé de l'inspecteur.

Art. 13. Le caissier de l'Imprimerie impériale est néanmoins autorisé à recevoir directement le prix des souscriptions, et celui des numéros isolés et des feuilles détachées, à la charge d'en donner récépissé aux parties.

ART. 14. Nos ministres sont chargés, chacun en ce qui le concerne; de l'exécution du présent décret, qui sera inséré au *Bulletin des lois.*

ÉTAT de distribution gratuite du Bulletin des lois.

	Exemplaires.
Maison de l'Empereur	60
Princes et grands dignitaires	50
Sénat	150
Conseil d'État	150
Corps législatif	400
Secrétaire d'État	30
Département de la justice, cours, tribunaux et juges de paix	6,000
— des relations extérieures, ambassadeurs et agents diplomatiques	100
— de l'intérieur, préfets et sous-préfets	1,200
— des finances	50
— du trésor impérial	30
— de la guerre. / — de l'administration de la guerre. } Service des armées.	1,100
— de la marine, service des ports et colonies	600
— de la police générale	50
— des cultes	30
	10,000

(Ministères.)

DÉCRET du 29 mai 1811.

(Bulletin des lois, 4ᵉ série, n° 373.)

Transmission du *Bulletin des lois* dans le département de la Lippe.

Décret du 4 juillet 1811.

(Bulletin des lois, 4ᵉ série, n° 381.)

Mode de transmission du *Bulletin des lois* dans les départements anséatiques.

Décret du 7 juillet 1811.

(Bulletin des lois, 4ᵉ série, n° 379.)

Mode de distribution des lois et décrets dans les départements de la Hollande et dans l'arrondissement de Bréda.

Décret du 30 septembre 1811.

(Bulletin des lois, 4ᵉ série, n° 396.)

Dispositions analogues concernant les provinces illyriennes.

Ordonnance du 28 décembre 1814.

(Bulletin des lois, 5ᵉ série, n° 68.)

Louis, par la grâce de Dieu, Roi de France et de Navarre, à tous ceux qui ces présentes verront, salut.

Article premier. A dater du 1ᵉʳ janvier 1815, l'Imprimerie royale cessera d'être régie aux frais de l'État; son administration sera rétablie sous la conduite et au compte d'un directeur garde des poinçons, matrices, etc.

. . . .

Art. 8. L'Imprimerie royale restera exclusivement chargée:

. . . .

3° De l'impression, distribution et débit des lois, ordonnances, règlements et actes quelconques de l'autorité royale, renouvelant à cet effet, et en tant que de besoin, les dispositions des arrêts du Conseil du mois d'août 1717 et du 26 mars 1789.

. . . .

Art. 9. Afin d'assurer autant que possible l'authenticité des impressions désignées en l'article précédent, les types de l'Imprimerie royale continueront à porter les signes et marques particulières qui les distinguent des caractères gravés pour les imprimeries du commerce. Une épreuve en sera déposée à la direction générale de l'imprimerie et de la librairie; et il demeure interdit à tous graveurs, fondeurs et imprimeurs d'en graver, fondre ou employer de semblables, sous les peines portées contre les contrefacteurs.

. . . .

Art. 11. Chacun de nos ministres payera au directeur de l'Imprimerie royale le prix du nombre d'abonnements au *Bulletin des lois* qui sera nécessaire au service de son département.

Art. 12. Néanmoins, sur le produit général desdits abonnements, le directeur de l'Imprimerie royale sera tenu de fournir gratuitement six mille exemplaires du Bulletin, pour être distribués selon la répartition qui en sera arrêtée par notre chancelier, et notamment à nos ministres, aux préfets et sous-préfets, cours et tribunaux du royaume, et commandants des divisions militaires et départements.

Art. 13. Il n'est rien innové d'ailleurs aux précédents règlements en ce qui concerne l'impression et la distribution du *Bulletin des lois,* ainsi que le prix fixé pour l'abonnement et le recouvrement de ses produits.

. . . .

ORDONNANCE du 27 novembre 1816.
(Bulletin des lois, 7ᵉ série, n° 124.)

Louis, par la grâce de Dieu, Roi de France et de Navarre, à tous ceux qui ces présentes verront, salut.

Article premier. A l'avenir, la promulgation des lois et de nos ordonnances résultera de leur insertion au Bulletin officiel.

Art. 2. Elle sera réputée connue, conformément à l'article
du Code civil, un jour après que le *Bulletin des lois* aura été
reçu de l'Imprimerie royale par notre chancelier ministre de la
justice, lequel constatera sur un registre l'époque de la réception.

Ordonnance du 6 août 1817.
(Bulletin des lois, 7ᵉ série, n° 167.)

Franchises et contre-seing. — Circulation du *Bulletin des
lois* en franchise, sous bandes.

Ordonnance du 12 janvier 1820.
(Bulletin des lois, 7ᵉ série, n° 338.)

Article premier. Le privilége général d'exécuter toutes les
impressions au compte de l'État, exclusivement attribué à l'Imprimerie royale avant le 1ᵉʳ janvier 1815, demeure supprimé,
conformément à l'article 14 de notre ordonnance du 28 décembre 1814.

Art. 2. L'attribution exclusive donnée à l'Imprimerie royale
par l'article 8 de ladite ordonnance lui sera conservée seulement pour ce qui suit :

. . . .

4° L'impression et la distribution du *Bulletin des lois*.

. . . .

Art. 3. En conséquence, il est permis à tous imprimeurs ou
libraires d'imprimer et de débiter les lois et ordonnances du
royaume, aussitôt après leur publication officielle au *Bulletin
des lois*.

. . . .

Art. 8. Le directeur de l'Imprimerie royale fournira gratuitement sept mille exemplaires du *Bulletin des lois* pour les besoins du gouvernement, et en fera la distribution selon l'état de
répartition qui en sera arrêté par notre garde des sceaux.

Art. 9. Il n'est d'ailleurs rien innové aux précédents règlements en ce qui concerne l'impression, la distribution et le prix de l'abonnement et le recouvrement des produits du *Bulletin des lois.*

. . . .

ORDONNANCE DU 2 août 1820.
(Bulletin des lois, 7ᵉ série, n° 392.)

LOUIS, par la grâce de Dieu, ROI DE FRANCE ET DE NAVARRE;

Vu le titre IV de la loi du 25 mars 1817 et l'ordonnance du 20 juin suivant concernant les pensions;

Considérant que la disposition de cette loi qui prescrit l'insertion au *Bulletin des lois* des ordonnances relatives aux pensions n'a pas été exécutée jusqu'à ce jour d'une manière uniforme, et qu'il importe à la célérité et au bien du service que les ordonnances de concession des pensions, qui indiquent essentiellement les bases légales de leur fixation, soient insérées à ce Bulletin, de préférence aux ordonnances d'inscription, qui ne sont que la conséquence des premières;

Sur le rapport de notre ministre secrétaire d'État des finances,

NOUS AVONS ORDONNÉ et ORDONNONS ce qui suit :

ARTICLE PREMIER. Toutes les ordonnances de concession de pensions rendues à compter du 1ᵉʳ juillet 1820, sur la proposition des différents ministres, seront successivement insérées au *Bulletin des lois.*

Ces ordonnances contiendront, avec toutes les indications prescrites par l'article 33 de la loi du 25 mars 1817, la date des lois, décrets ou ordonnances réglementaires en vertu desquels la pension aura été liquidée.

ART. 2. Ces ordonnances indiqueront expressément que les diverses fixations qu'elles contiennent ont été soumises aux révisions prescrites par les articles 25 et 26 de la loi du 25 mars 1817 et l'article 3 de notre ordonnance du 20 juin suivant, ainsi que la date de l'avis du ministre des finances, sur la communication préalable qui lui en aura été faite.

Art. 3. Nos ministres sont chargés, chacun en ce qui le concerne, de l'exécution de la présente ordonnance, qui sera insérée au *Bulletin des lois.*

Acte de la Commission municipale de Paris, du 31 juillet 1830.

(Bulletin des lois, 9ᵉ série, nᵒ 1.)

Nomination du Directeur du *Bulletin des lois.*

Ordonnance du 21 septembre 1830.

(Bulletin des lois, 9ᵉ série, nᵒ 12.)

LOUIS-PHILIPPE, Roi des Français, à tous présents et à venir, salut.

Vu l'ordonnance royale en date du 12 janvier 1820;

Voulant fixer définitivement le nombre d'exemplaires du *Bulletin des lois* et de celui des ordonnances à distribuer gratuitement par notre Imprimerie royale pour le service de notre cabinet, des Chambres et des divers départements du ministère;

Sur le rapport de notre garde des sceaux, ministre secrétaire d'État de la justice,

Avons ordonné et ordonnons ce qui suit :

Article premier. A partir du premier numéro de la neuvième série du *Bulletin des lois*, l'Imprimerie royale fournira, tant pour le service de notre cabinet que pour celui des Chambres et des divers départements du ministère :

1° Sept mille exemplaires de chacun des numéros ordinaires du *Bulletin des lois* et de celui des ordonnances ;

2° Trois mille cinq cents exemplaires de chacun des numéros *bis* de ce même Bulletin.

ART. 2. Sur ces quantités, il en sera réservé un nombre d'exemplaires qui ne pourra pas être moindre de cent, pour satisfaire aux besoins ultérieurs du service.

ART. 3. Le surplus des exemplaires sera réparti conformément à l'article 1er et sur un état dressé par notre garde des sceaux, ministre secrétaire d'État de la justice, de concert avec nos autres ministres.

ART. 4. Toute demande en augmentation du nombre d'exemplaires qui aura été déterminé conformément à l'article 3 ci-dessus devra être adressée à notre garde des sceaux et dûment justifiée.

ART. 5. Notre garde des sceaux, ministre secrétaire d'État au département de la justice, est chargé de l'exécution de la présente ordonnance.

ORDONNANCE du 3 décembre 1831.

(Bulletin des lois, 9e série, n° 125.)

Suppression de la place de Directeur du *Bulletin des lois.*

ORDONNANCE du 31 décembre 1831.

(Bulletin des lois, 9e série, n° 131.)

LOUIS-PHILIPPE, ROI DES FRANÇAIS, à tous présents et à venir, SALUT.

Vu les lois des 14 frimaire et 30 thermidor an II et 12 vendémiaire an IV concernant le *Bulletin des lois ;*

Sur le rapport de notre garde des sceaux, ministre secrétaire d'État de la justice,

Nous avons ordonné et ordonnons ce qui suit :

Article premier. Le *Bulletin des lois* sera divisé en deux parties contenant, l'une les lois, et l'autre les ordonnances.

Art. 2. A partir du 1ᵉʳ janvier 1832, la seconde partie du *Bulletin des lois*, contenant les ordonnances, sera subdivisée en deux sections.

La première section contiendra, soit textuellement, soit par extrait, selon l'importance des matières, les ordonnances qui concernent l'intérêt public ou qui sont d'exécution générale.

La seconde section contiendra, soit textuellement, soit par extrait, les ordonnances dont l'objet est individuel ou local.

Art. 3. Il sera distribué, soit annuellement, soit par semestre, selon l'abondance des matières, des tables chronologiques et alphabétiques pour la première partie, contenant les lois, comme pour chacune des sections de la seconde partie, contenant les ordonnances.

Art. 4. La première partie, contenant les lois, et la première section de la seconde, contenant les ordonnances d'intérêt public et d'exécution générale, seront distribuées, comme par le passé, aux autorités civiles et militaires, aux cours et tribunaux, ainsi qu'aux communes du royaume et aux abonnés particuliers.

La seconde section de la seconde partie sera distribuée seulement aux autorités civiles et militaires, aux cours et tribunaux, ainsi qu'aux abonnés particuliers.

Art. 5. Notre garde des sceaux, ministre secrétaire d'État de la justice, est chargé de l'exécution de la présente ordonnance, qui sera insérée au *Bulletin des lois*.

ORDONNANCE du 31 décembre 1835.

(Bulletin des lois, 9ᵉ série, n° 402.)

LOUIS-PHILIPPE, ROI DES FRANÇAIS, à tous présents et à venir, SALUT.

Vu notre ordonnance en date du 31 décembre 1831 (1), relative au *Bulletin des lois;*

Sur le rapport de notre garde des sceaux, ministre secrétaire d'État au département de la justice et des cultes,

NOUS AVONS ORDONNÉ et ORDONNONS ce qui suit :

ARTICLE PREMIER. Le *Bulletin des lois* sera divisé en deux parties contenant, l'une les lois et les ordonnances d'intérêt public et général, l'autre les ordonnances d'intérêt local ou individuel.

ART. 2. En conséquence, à partir du 1ᵉʳ janvier 1836, les lois et les ordonnances d'intérêt public et général seront publiées sous une seule série de numéros faisant suite à la série actuelle des ordonnances de la première section.

La seconde partie, contenant les ordonnances d'intérêt local ou individuel, prendra le titre de *partie supplémentaire.*

ART. 3. La partie contenant les lois et les ordonnances d'intérêt public et d'exécution générale continuera à être distribuée aux autorités civiles et militaires, aux cours et tribunaux, aux communes du royaume et aux abonnés particuliers.

La partie supplémentaire sera distribuée seulement aux autorités civiles et militaires, aux cours et tribunaux et aux abonnés particuliers.

ART. 4. Il sera distribué, chaque semestre, des tables chronologiques et alphabétiques pour chacune des deux parties du Bulletin.

---

(1) 2ᵉ partie, Bull. 131, n° 3674.

Art. 5. Notre ordonnance en date du 31 décembre 1831 est rapportée.

Art. 6. Notre garde des sceaux, ministre secrétaire d'État au département de la justice et des cultes, est chargé de l'exécution de la présente ordonnance, qui sera insérée au *Bulletin des lois*.

Décret du 12 février 1852.

(Bulletin des lois, 10ᵉ série, n° 492.)

LOUIS-NAPOLÉON, Président de la République française,

Sur le rapport du ministre secrétaire d'État au département de l'intérieur;

Considérant que le *Bulletin des lois*, établi par la loi du 14 frimaire an ii, ne remplit pas, dans sa forme actuelle, le but que le législateur s'est proposé; que ce recueil, enfoui presque partout dans les archives des mairies, laisse ignorés des populations les lois et les actes du Gouvernement qu'elles ont intérêt à connaître;

Considérant qu'il importe d'établir un système de publicité plus complet et mieux approprié aux besoins des habitants des campagnes, sans imposer aux communes des charges nouvelles,

Décrète :

Article premier. A partir de la publication du présent décret, les communes autres que les chefs-lieux de canton cesseront de recevoir le *Bulletin des lois*.

Art. 2. Elles recevront en échange une feuille rédigée par les soins et sous la surveillance du ministre de l'intérieur, et contenant les lois, les décrets et les instructions du gouvernement, ou une analyse sommaire de ces divers actes.

Art. 3. Cette publication officielle sera divisée en deux parties dont l'une restera déposée aux archives de la mairie et dont l'autre sera placardée dans la commune au lieu le plus apparent.

Art. 4. Le prix en sera acquitté par les communes et remplacera, comme dépense obligatoire, l'abonnement au *Bulletin des lois*.

Art. 5. Le *Bulletin des lois* continuera à être envoyé aux communes chefs-lieux de canton et aux diverses autorités qui le reçoivent aux termes des lois et règlements en vigueur.

Art. 6. Les ministres secrétaires d'État aux départements de l'intérieur et de la justice sont chargés, chacun en ce qui le concerne, de l'exécution du présent décret.

DÉCISION MINISTÉRIELLE du 3 avril 1857.

(Archives de l'Imprimerie nationale, Bulletin des lois.)

Substitution d'un papier mécanique au papier particulier prescrit, pour l'impression du *Bulletin des lois,* par l'article 4 du décret du 14 frimaire an II. Cette substitution sera effectuée à dater du 1er janvier 1858.

DÉCRET du 29 octobre 1859.

(Archives de l'Imprimerie nationale, Bulletin des lois.)

Article premier. A dater du premier numéro de l'année 1860, la justification du *Bulletin des lois* sera portée à cent deux millimètres de largeur sur cent soixante-treize millimètres de hauteur.

Art. 2. L'impression de ce recueil s'opérera à dater de la même époque, avec des caractères spéciaux conformes au spécimen-type annexé au présent décret. Ces caractères ne pourront servir à aucune autre impression.

DÉCRET *du 1ᵉʳ octobre 1870, créant un* Bulletin des lois, *des actes et décrets de la délégation du Gouvernement hors de Paris.*

(Bulletin des lois de la Délégation du gouvernement hors de Paris, n° 4.)

LE GOUVERNEMENT DE LA DÉFENSE NATIONALE,

Considérant que l'interruption des communications avec Paris ne permet pas d'insérer au *Bulletin des lois* publié par l'Imprimerie nationale les actes et décrets de la délégation du Gouvernement dans les départements;

Considérant qu'il est nécessaire de porter ces décrets à la connaissance des citoyens en la forme accoutumée et légale, et que d'ailleurs les lois de finances ne sont exécutoires qu'à partir de leur insertion au *Bulletin des lois*;

DÉCRÈTE :

ARTICLE PREMIER. Un *Bulletin des lois* de la délégation du Gouvernement de la défense nationale hors de Paris sera publié sous la surveillance du garde des sceaux, ministre de la justice.

ART. 2. Il est ouvert pour les dépenses du *Bulletin des lois* un crédit spécial de trois mille francs (3,000 fr.), rattaché au budget du ministère de la justice dans le tableau (état D) des crédits accordés pour les services spéciaux rattachés pour ordre au budget de l'exercice 1870.

DÉCRET *du 12 octobre 1870, relatif à la publication du Bulletin de la République française.*

(Bulletin des lois de la Délégation du gouvernement hors de Paris, n° 11.)

LA DÉLÉGATION DU GOUVERNEMENT DE LA DÉFENSE NATIONALE,

Vu les décrets des 12 et 16 septembre 1870;

Vu le décret du 12 février 1852, qui a prescrit la création

du *Moniteur des communes*, destiné à donner la plus grande publicité aux actes et documents officiels du Gouvernement;

Considérant que, par suite de l'investissement de Paris, l'envoi de cette feuille aux communes a été forcément suspendu,

Décrète :

Article premier. Il sera publié au siége de la résidence de la délégation du Gouvernement de la défense nationale, et par les soins du ministère de l'intérieur, un *Bulletin de la République française*, destiné à être envoyé et affiché dans les communes.

Art. 2. Un crédit de cinquante mille francs (50,000 fr.) est ouvert au budget du ministère de l'intérieur, exercice 1870, pour couvrir les frais de publication et d'envoi de ce Bulletin.

Art. 3. Ladite somme sera remboursée au Trésor au moyen d'un prélèvement opéré, jusqu'à due concurrence, sur le produit des abonnements au *Moniteur des communes* qui ont été et seront encaissés à l'Imprimerie nationale pour l'année 1870, et dont les derniers douzièmes deviennent disponibles par suite de suspension de la publication de cette feuille officielle.

Art. 4. Le garde des sceaux, ministre de la justice, et le ministre de l'intérieur sont chargés, chacun en ce qui le concerne, de l'exécution du présent décret.

Décret du 5 novembre 1870, relatif à la promulgation des lois et décrets.

(Bulletin des lois, 12ᵉ série, nᵒ 29.)

Le Gouvernement de la défense nationale,

Considérant qu'il importe de prévenir les difficultés que peut faire naître le mode actuel de promulgation des lois et décrets, et d'établir d'une manière certaine l'époque où les actes législatifs sont obligatoires,

 Décrète :

Article premier. Dorénavant la promulgation des lois et des décrets résultera de leur insertion au *Journal officiel de la République française*, lequel, à cet égard, remplacera le *Bulletin des lois*.

Le *Bulletin des lois* continuera à être publié, et l'insertion qui y sera faite des actes non insérés au *Journal officiel* en opérera promulgation.

Art. 2. Les lois et les décrets seront obligatoires, à Paris, un jour franc après la promulgation, et partout ailleurs dans l'étendue de chaque arrondissement, un jour franc après que le *Journal officiel* qui les contient sera parvenu au chef-lieu de cet arrondissement.

Le Gouvernement, par une disposition spéciale, pourra ordonner l'exécution immédiate d'un décret.

Art. 3. Les préfets et sous-préfets prendront les mesures nécessaires pour que les actes législatifs soient imprimés et affichés partout où besoin sera.

Art. 4. Les tribunaux et les autorités administratives et militaires pourront, selon les circonstances, accueillir l'exception d'ignorance alléguée par les contrevenants, si la contravention a eu lieu dans le délai de trois jours francs, à partir de la promulgation.

Décret du 27 décembre 1871.
(Bulletin des lois, 12ᵉ série, n° 76.)

Le Président de la République française,
Vu le décret du 12 février 1852 ;
Considérant qu'il importe de porter à la connaissance des populations les lois, les décrets et les instructions du Gouvernement au moyen d'une publication qui en contienne soit le texte, soit une simple analyse ;

Considérant que l'affiche est le mode de publicité le mieux approprié aux besoins des habitants des campagnes, et que l'on peut ne conserver de l'ancien Moniteur des communes, établi par le décret susvisé, que la partie destinée à être placardée, ce qui permet d'abaisser le prix d'abonnement à payer par les communes;

Sur le rapport du ministre de l'intérieur,

Décrète :

Article premier. À partir du 1er janvier 1872, il sera publié par l'Imprimerie nationale et distribué aux communes autres que les chefs-lieux de canton une feuille hebdomadaire en placard rédigée par les soins et sous la surveillance du ministère de l'intérieur, et contenant les lois, décrets et instructions du Gouvernement reproduits textuellement ou par analyse, et, dans la mesure de ce qui sera possible, les travaux de l'Assemblée nationale.

Cette publication officielle, qui aura pour titre *Bulletin des communes*, sera affichée dans chaque commune au lieu le plus apparent.

Art. 2. Le prix d'abonnement en est fixé à quatre francs par an; il sera, comme pour le *Bulletin des lois*, acquitté par les communes et porté aux budgets à titre de dépense obligatoire.

Art. 3. Les ministres de l'intérieur et de la justice sont chargés, chacun en ce qui le concerne, de l'exécution du présent décret, qui abroge, dans ce qu'elles ont de contraire, les dispositions du décret du 12 février 1852.

Décret du 6 mars 1876.

Le Président de la République française,

Vu l'ordonnance royale du 21 septembre 1830, qui fixe à

7,000 exemplaires de la partie principale et à 3,500 exemplaires de la partie supplémentaire le nombre des exemplaires du *Bulletin des lois* à fournir gratuitement par l'Imprimerie nationale pour le service de l'État;

Considérant que le chiffre de 7,000 exemplaires de la partie principale ne suffit plus à répondre à des besoins accrus; que le service des Chambres et celui de la justice notamment exigent une élévation des attributions qui leur sont actuellement faites dans la distribution gratuite du *Bulletin des lois;*

Sur la proposition de M. le garde des sceaux, ministre de la justice,

ARRÊTE :

ARTICLE PREMIER. Le chiffre de la distribution gratuite de la partie principale du *Bulletin des lois*, fixé par l'ordonnance royale du 21 septembre 1830 à 7,000 exemplaires, pourra être élevé jusqu'à 7,200 exemplaires, à partir du premier numéro de l'année 1876.

ART. 2. L'affectation successive des 200 nouveaux exemplaires de la distribution gratuite sera faite, au fur et à mesure des besoins, par M. le garde des sceaux, ministre de la justice.

ART. 3. M. le garde des sceaux, ministre de la justice, est chargé de l'exécution du présent décret.

2ME PARTIE.

DISPOSITIONS SPÉCIALES.

I.

FIXATION DES PRIX D'ABONNEMENT OU DE VENTE.

Loi du 12 vendémiaire an IV (ci-dessus, p. 9).

ART. 9. L'abonnement au *Bulletin des lois* sera fixé par le ministre de la justice, sous la surveillance du Directoire exécutif, à un prix modéré, de manière qu'il couvre seulement les frais du papier, d'impression, de distribution et de transport.

ART. 10. Dans le principal bureau de poste aux lettres de chaque commune de 5,000 habitants et au-dessus, un des commis sera chargé de recevoir les abonnements et de fournir, à un prix également modéré, les numéros égarés du Bulletin officiel et les cahiers séparés de chaque trimestre. Le Directoire fera donner les ordres nécessaires à cet effet aux administrateurs des postes.

ARRÊTÉ des Consuls du 29 prairial an VIII (ci-dessus, p. 14).

Le *Bulletin des lois* sera envoyé à toutes les communes de la République par abonnement imputable sur les dépenses communales.

Le prix d'abonnement est fixé, savoir :

A 4 fr. 50 cent. pour la première année du Bulletin;

A 6 francs pour les années suivantes;

Au double de ces prix pour le texte accompagné de la version allemande ou flamande.

Tous les fonctionnaires publics qui ne reçoivent pas officiellement le *Bulletin des lois* pourront s'y abonner au prix ci-dessus.

Arrêté des Consuls du 19 frimaire an x (ci-dessus, p. 15).

Mode de recouvrement et de réception des abonnements par les receveurs généraux et les directeurs des bureaux de poste.

Décret du 25 mai 1811 (ci-dessus, p. 22).

Fixation du prix d'abonnement au *Bulletin des lois*.

1re série, 30 francs.

2e série, 70 francs.

Années postérieures et à venir, 9 francs par an pour les fonctionnaires et les particuliers.

6 francs par an pour les communes.

Numéros détachés, prix de vente 20 centimes la feuille.

Ordonnance du 28 décembre 1814 (ci-dessus, p. 26).

Art. 13. Maintien des prix d'abonnement.

Arrêté ministériel du 1er octobre 1823.

Tableau du prix des codes, tables et tarifs et des lois détachées. Deux prix pour les libraires, l'un à l'unité, l'autre à la douzaine; troisième prix pour les particuliers. Concession aux libraires d'un treizième exemplaire sur la douzaine.

Arrêté ministériel du 3 novembre 1823.

Fixation à 3 francs du prix d'abonnement des maires, des villes et communes aux numéros *bis* du *Bulletin des lois*.

ARRÊTÉ ministériel du 14 décembre 1824.

Fixation nouvelle du prix de vente du *Bulletin des lois.*

Prix de vente par volume, année et série, conformément au tarif annexé :

Prix de vente en feuilles maintenu à (la feuille.)... $0^f\ 20^c$

Prix spécial pour les communes,	numéros détachés, la feuille....	0 10
	——————— le quart de feuille....	0 o5
	le volume détaché, *au plus*.....	3 00
	chaque année	6 00

Concession aux libraires d'une remise de 10 p. o/o sur les ventes supérieures à 10 francs.

———————

ARRÊTÉ ministériel du 17 janvier 1829.

Fixation spéciale de prix pour les fonctionnaires en service :

Le numéro détaché, la feuille............. $0^f\ 10^c$

Le volume séparé........................   3 00

L'année entière........................   6 00

Les séries entières aux prix antérieurement fixés.

———————

ARRÊTÉ ministériel du 28 décembre 1829.

Échelle proportionnelle pour les remises aux libraires sur la vente du *Bulletin des lois*, des codes et des tables :

10 p. o/o sur la vente de 10^f à 50^f

15 p. o/o ——————— 50^f à 100^f

25 p. o/o ——————— au-dessus de 100^f

Maintien du treizième exemplaire.

———————

— 48 —

Arrêté ministériel du 23 février 1831.

Fixation à 5 francs du prix de vente du tome Ier de la 9e série.

Arrêté ministériel du 25 octobre 1833.

Fixation du prix de vente pour la 9e série du *Bulletin des lois.*

			minimum.	maximum
Particuliers	volumes,..	à raison de 20^c la feuille		2^f 50^c
et libraires	semestres..	*idem*..............		6 00
Fonctionnaires, volumes.........		10^c la feuille		2 50

Décision ministérielle du 16 décembre 1836.

Modification des prix fixés par l'arrêté précédent pour la vente des volumes de la 9e série.

Prix nouveaux, partie principale, le tome....... 3^f 50^c

———————— partie supplémentaire, le tome... 2 50

Rapport du Directeur de l'Imprimerie nationale à M. le garde des sceaux, en date du 24 novembre 1874.

Monsieur le Ministre,

Le *Bulletin des lois* est, vous le savez, une des charges légales de l'Imprimerie nationale; 21,000 volumes de ce recueil sont, chaque année, délivrés gratuitement pour le service de la justice et des administrations publiques; le surplus du tirage est affecté au service d'abonnements et de ventes à des prix inférieurs au prix de revient. Il me paraît utile de vous entretenir de cette situation.

I. — Abonnements au *Bulletin des lois*.

• En conformité de la loi du 12 vendémiaire an iv, qui voulait que le *Bulletin des lois* ne fût pour l'État ni l'occasion d'une perte ni celle d'un bénéfice, le prix de l'abonnement à ce recueil fut fixé à 6 francs par un arrêté des Consuls du 29 prairial an viii, et à 9 francs par un décret du 25 mai 1811. Or, à ces époques, le *Bulletin des lois* formait annuellement 2 volumes qui, en l'an viii, comprenaient ensemble 88 feuilles, et en 1811, 90 feuilles d'impression. Présentement il forme 4 volumes annuels qui, en 1873, comptaient ensemble 403 feuilles, et représentaient par conséquent près de cinq fois la matière du *Bulletin des lois* de l'an viii et de 1811. Loin de suivre cependant une progression en rapport avec le développement de la publication, le prix d'abonnement n'a pas changé; cela seul expliquerait pourquoi il est aujourd'hui de beaucoup au-dessous de la valeur matérielle et réelle du *Bulletin*. D'autres causes non moins graves ont contribué à accroître cet écart et ont augmenté d'autant la perte subie par l'État. La première fut, en 1852, la substitution du *Moniteur des communes* au *Bulletin des lois* pour le service des communes rurales. Le *Bulletin des lois* perdit, par cette mesure, 36,754 abonnés obligatoires, et la réduction proportionnelle du tirage éleva sensiblement le prix de revient de l'exemplaire.

L'important déficit qui devait résulter de là pour le budget de l'Imprimerie nationale demeura toutefois compensé, dans une certaine mesure, par les bénéfices réalisés sur le *Moniteur des communes*. Mais cette dernière feuille, devenue en 1872 le *Bulletin des communes*, ayant été enlevée à l'Imprimerie de l'État en 1874, aucune compensation n'existe plus, et l'Imprimerie nationale va se trouver en face d'une perte annuelle que les résultats connus de l'exercice 1873 permettent d'évaluer à 133,000 fr.

Dans cette condition, convient-il de se rappeler que la loi du 12 vendémiaire an IV n'a jamais été abrogée et qu'elle prescrit de régler le prix du *Bulletin des lois* sur le prix de revient de cette publication?

Je crois, Monsieur le Ministre, devoir laisser à votre haute appréciation le soin de résoudre cette question délicate; et, en attendant vos directions sur ce point, je me bornerai à vous proposer certaines réformes sur le second objet de ma communication : la vente du *Bulletin des lois*.

II. — Vente du *Bulletin des lois*.

La vente du *Bulletin des lois* a lieu sur mémoires ou au comptant, selon que l'acheteur est une administration publique ou un particulier; elle s'effectue conformément à un tarif où sont portés les prix fixés à différentes époques, soit pour des séries en cours de publication, soit pour des années ou des volumes isolés. Au moment où ces différents prix furent déterminés, ils répondaient à des nécessités ou à des convenances temporaires. Mais aujourd'hui les motifs qui firent établir des inégalités de valeur, souvent considérables, entre des parties analogues d'une même collection, n'existent plus, et ces inégalités choquent à la fois le bon sens et l'équité. Ainsi tel volume de la IIe série, formant 27 feuilles d'impression, est coté 2 fr. 50 cent., et tel autre volume de la IXe série, comprenant 114 feuilles, ne coûte pas davantage; ou bien tous les volumes de la XIe et de la XIIe série, comptant jusqu'à 158 feuilles, sont cotés 3 fr. 50 cent. et 2 fr. 50 cent., alors que tous les volumes de la VIIe série, ne comprenant pas, en moyenne, au delà de 60 feuilles, sont taxés 6 francs. D'autres exemples pourraient être cités.

Un tel état de choses provoque de fréquentes et légitimes

observations, en même temps qu'il est dommageable aux intérêts du Trésor.

J'estime, en conséquence, qu'il y a lieu de rectifier le tarif actuel de la vente du *Bulletin des lois*, ou, pour être plus exact,
de substituer à des séries de prix sans rapport entre elles un
tarif établi sur une base proportionnelle, toujours et facilement
applicable. Cette base, naturellement indiquée en matière de
librairie, est la feuille d'impression, unité susceptible d'un frac-
tionnement suffisant et d'une multiplication indéfinie.

Le projet d'arrêté joint au présent exposé des motifs vous
propose donc, Monsieur le Ministre, l'adoption, pour la vente
du *Bulletin des lois*, d'un élément unique de calcul, le prix de
la feuille, et la fixation de ce prix aux taux différentiels réclamés
par les conditions spéciales aux divers modes de vente ci-
après indiqués :

1° Ventes en volumes, années, séries et collections.

L'unité de prix ou le prix de feuille serait de 10 centimes pour
les séries i à viii du *Bulletin*, de 5 centimes pour les séries suivantes. Cette différence se justifierait par ce motif que les
séries i à viii, qui s'arrêtent à 1830, nécessitent, en raison de
leur ancienneté, des réimpressions plus fréquentes que les
séries suivantes, et que ces réimpressions coûtent plus que n'ont
coûté les tirages primitifs. Les deux prix proposés n'ont, au
surplus, rien d'excessif. Ils sont calculés, comme le veut la loi,
de manière à représenter, aussi exactement que possible, les
frais de revient. Ils auront pour résultat d'abaisser considéra-
blement le prix actuel de certains volumes, d'élever modéré-
ment le prix de quelques autres; de régulariser la vente, en un
mot, en l'assujettissant à des règles uniformes et logiques. Mais
ils ne seront pas assurément une source de bénéfices pour l'Imprimerie nationale, qui ne doit pas en espérer en cette matière.

2° Vente au numéro ou à la feuille.

La vente d'un numéro ou d'une feuille du *Bulletin des lois* entraîne les mêmes recherches, les mêmes écritures, les mêmes productions de mémoires et de quittances que celle d'un volume; et pour que ces frais soient couverts, les prix de la vente au détail doivent être supérieurs à ceux de la vente en bloc. Ce principe, qui est une des règles du commerce, a été adopté par le tarif actuel du *Bulletin des lois*, lequel, pour la vente au numéro ou à la feuille, fixe à 20 centimes le prix de feuille, avec réduction à 10 centimes pour les communes. Je vous propose le maintien pur et simple de ces prix.

3° Vente des annexes du BULLETIN DES LOIS.

Ces annexes comprennent les tables générale et décennales du *Bulletin des lois*, les *Codes français*, les *Collections in-4°* et *in-8°* des lois antérieures au *Bulletin* et quelques lois importantes imprimées sous forme de recueils spéciaux. Le projet de tarif ci-joint ramène les prix de quelques-uns de ces documents au calcul proportionnel sur la base adoptée pour la vente du *Bulletin des lois;* il propose le maintien des autres.

REMISES SUR LES ABONNEMENTS ET LES VENTES.

Le tarif actuel concède, sous des formes diverses, certaines réductions sur les prix d'abonnement ou de vente en faveur des communes, des fonctionnaires et des libraires. En ce qui concerne les communes, qui jouissent déjà de remises particulières pour l'abonnement et d'une réduction de 50 p. o/o sur les achats à la feuille, la remise ne porte que sur les achats en bloc, volumes, années, séries et collections. En ce qui concerne les fonctionnaires, elle porte sur tous les achats, mais non sur les abonnements. En ce qui concerne enfin les libraires, elle porte sur l'abonnement, sous la forme du 13° (attribution d'un abonnement gratuit contre 12 exemplaires payés) et sur tous les achats dans la forme ordinaire.

Au point de vue du budget, l'opportunité de ces remises sur une publication qui n'occasionne que des pertes semble assez contestable. La tradition cependant et quelques considérations de bienveillance peuvent demander qu'elles soient conservées aux communes et aux fonctionnaires. Quant aux libraires, intermédiaires fréquents entre leurs clients et le *Bulletin des lois*, il est utile et conforme aux usages du commerce de leur assurer une modeste rémunération de leurs démarches et de leurs soins. Mais tout en maintenant le principe des remises, il conviendrait d'en modifier la forme et de simplifier des complications de calcul qui, sans aucun intérêt sérieux, multiplient les écritures. En conséquence, le projet d'arrêté ci-joint propose : 1° la conversion en remise ordinaire de la concession faite au libraire d'un 13° abonnement gratuit contre 12 abonnements payés; 2° la substitution d'un taux unique à l'échelle proportionnelle actuelle des remise 10, 15 et 25 p. o/o, et la fixation de ce taux unique à 10 p. o/o seulement. Comme contre-partie à la réduction résultant de cette simplification, la remise serait désormais accordée à tous achats, tandis qu'elle n'est aujourd'hui consentie que pour les achats supérieurs à 10 francs. Il n'arriverait plus alors, ce qui se produit assez fréquemment, que des libraires retiennent les demandes d'achat de leurs clients jusqu'à ce qu'ils aient réuni un nombre suffisant de ces demandes pour obtenir une remise.

Telles sont, Monsieur le Ministre, les modifications au tarif de vente du *Bulletin des lois* que j'ai l'honneur de vous proposer. Dans leur ensemble, elles doivent servir à la fois, les intérêts de l'acheteur et ceux de l'État; mais elles ne diminueront guère que de quelques centaines de francs une perte annuelle de 133,000 francs, et le principal avantage qu'elles présenteront pour l'Imprimerie nationale sera celui de simplifier une comptabilité devenue très-laborieuse, et de rendre plus logique une tarification que l'on peut justement taxer d'arbitraire.

<hr>

ARRÊTÉ *du 24 novembre 1874.*

LE GARDE DES SCEAUX, MINISTRE DE LA JUSTICE,

Vu les décisions ministérielles des 14 décembre 1824, 17 janvier et 28 décembre 1829, 25 octobre 1833 et 16 décembre 1836 qui ont déterminé les prix et les conditions de vente du *Bulletin des lois;*

Vu également le tableau de prix approuvé par décision ministérielle en date du 1ᵉʳ octobre 1823, et concédant aux libraires la remise d'un treizième abonnement gratuit contre douze exemplaires payés;

Considérant qu'il importe de substituer une tarification uniforme à la réunion des séries de prix particuliers et des conditions spéciales fixées par les décisions ci-dessus, et dont l'ensemble constitue le tarif actuel du *Bulletin des lois;*

Sur le rapport et la proposition de M. le Directeur de l'Imprimerie nationale,

ARRÊTE :

Abonnements au Bulletin des lois.

ARTICLE PREMIER. La remise d'un treizième exemplaire (service d'un abonnement gratuit contre douze abonnements payés) autorisée en faveur des libraires par la décision ministérielle du 1ᵉʳ octobre 1823, est supprimée. Elle sera remplacée par une remise sur le prix calculée ainsi qu'il sera dit plus loin (art. 4).

Vente du Bulletin des lois.

ART. 2. La vente du *Bulletin des lois* sera effectuée sur les bases ci-après indiquées :

1° Vente en collections, séries, années ou volumes (sans distinction entre la partie principale et la partie supplémentaire).

Le prix de vente sera obtenu en multipliant le nombre de feuilles du volume ou des volumes par un prix de feuille ou d'unité fixé ainsi qu'il suit :

Série I à VIII du *Bulletin*. . . . .   0^f 10^c la feuille.

Séries postérieures. . . . .   0 05 *idem*.

2° Vente au numéro ou en feuilles détachées (sans distinction de séries ni de parties).

Prix de la feuille . . . .   0^f 20^c

Pour les communes. 0 10

Dans tous les cas de vente, les fractions de feuille inférieures à la demi-feuille seront comptées comme une demi-feuille ; les fractions supérieures à une demi-feuille seront comptées comme feuille entière.

Annexes au Bulletin des lois.

ART. 3. Sont maintenus comme prix *unique* de vente les prix actuellement fixés pour la vente aux *particuliers* des documents ci-après, savoir :

Collection antérieure, *dite* du Louvre, formant 23 vol. in-4°. . . . .   230^f

Collection abrégée de la précédente : 8 vol. in-8°. . .   40

Volumes détachés de la collection in-4°.   10

———————————— de la collection in-8°   5

Table générale, 1789 à 1814, 4 vol.   12

Tables décennales { de 1814 à 1853 (4 volumes), le volume.   5

de 1854 à 1873 (4 volumes), le volume.   3

Le prix des codes, tarifs et recueils des lois, dans la forme ordinaire du *Bulletin des lois*, sera déterminé d'après les bases fixées par l'article précédent pour la vente du *Bulletin des lois*.

Remises de librairie.

ART. 4. Toutes les remises de librairie consenties par le tarif actuel sur l'abonnement ou la vente du *Bulletin des lois* et de ses annexes sont converties en une remise uniforme et invariable de 10 p. o/o, savoir :

En faveur des communes, sur le prix de vente par volume, année, série et collection ;

En faveur des fonctionnaires, sur le prix de vente par volume, année, série et collection ou par feuille et numéro ;

En faveur des libraires, sur tous prix d'abonnement ou de vente.

ART. 5. La tarification du *Bulletin des lois* résultant des dispositions qui précèdent sera mise en vigueur à dater du 1ᵉʳ janvier 1875.

ART. 6. M. le Directeur de l'Imprimerie nationale est chargé d'assurer l'exécution du présent arrêté.

ARRÊTÉ MINISTÉRIEL du 8 avril 1876.

ARTICLE PREMIER. Le prix de vente de la collection complète des lois promulguées sur les décrets de l'Assemblée nationale, depuis le 3 novembre 1789 jusqu'au 22 juillet 1792, est fixé, savoir :

Pour la collection complète, 15 volumes in-8°, à . . . 75ᶠ

Pour chaque volume détaché, à. 5

(Seront seuls vendus isolément les volumes existant en nombre supérieur à celui des collections complètes.)

ART. 2. La remise autorisée par l'article 4 de l'arrêté du 24 novembre 1874 sera applicable à la collection dont il s'agit.

II.

TIRAGE.

En 1810, le tirage du *Bulletin des lois* s'élevait à :

Texte français............	60,000 exemp.	
Version . . { flamande....	1,600	
allemande...	3,300	Chiffres résultant d'un état, à la date du 20 octobre 1810, approuvé par décision ministérielle.
italienne....	3,800	
Total.........	68,700	

De 1814 à 1823 l'Imprimerie nationale fut en régie.

La régie prit fin au 31 décembre 1823, et deux arrêtés ministériels des 6 octobre 1823 et 12 janvier 1824 fixèrent ainsi qu'il suit les chiffres de tirage du *Bulletin des lois*, à partir du 1er janvier 1824 :

Numéros ordinaires............ 50,500 exemplaires.

Numéros *bis* .... 8,450 *idem.*

Ces chiffres ont été depuis modifiés comme il suit :

Autorisation ministérielle du 23 décembre 1826.
— Fixation à 50,000 exemplaires pour les numéros ordinaires.
— Fixation à 8,500 exemplaires pour les numéros *bis.*

Arrêté ministériel du 13 décembre 1828.
— Réduction, à partir du 1er numéro de l'année 1829 :
— à 49,000 exemplaires du tirage des numéros ordinaires.
— à 8,000 exemplaires du tirage des numéros *bis.*

Arrêté ministériel du 17 novembre 1837.
— Réduction à 47,500 exemplaires pour la partie principale, à partir du n° 543.
— Réduction à 6,500 exemplaires pour la partie supplémentaire, à partir du n° 324.

Décision ministérielle du 29 avril 1840.	Réduction à 47,000 exemplaires pour la partie principale, à partir du n° 723. Réduction à 6,000 exemplaires pour la partie supplémentaire, à partir du n° 841.
Décision ministérielle du 13 janvier 1843.	Réduction à 46,500 exemplaires pour la partie principale, à partir du prochain numéro. Réduction à 5,500 exemplaires pour la partie supplémentaire, à partir du prochain numéro.
Décision ministérielle du 16 février 1852.	Tirage réduit de 46,500 à 12,500 exemplaires, à partir du premier numéro à paraître.
Arrêté directorial du 19 octobre 1853.	Tirage de la partie supplémentaire réduit de 5,500 à 5,000 exemplaires, à partir du premier numéro à publier.
Décision ministérielle du 11 avril 1856.	Tirage de la partie principale porté de 12,500 à 13,500 exemplaires, à partir du premier numéro à paraître.
Arrêté directorial du 31 août 1866.	Réduction de 13,500 à 12,500 exemplaires pour la partie principale. Réduction de 5,000 à 4,600 exemplaires pour la partie supplémentaire. La même décision prescrit qu'il sera pris des empreintes du Bulletin des lois.
Décision directoriale du 28 avril 1867.	Application des empreintes aux cas de réimpression.
Arrêté directorial du 10 août 1874.	Tirage de la partie supplémentaire porté de 4,600 à 4,700 exemplaires.

III.

SERVICE GRATUIT.

Le décret de la Convention du 14 frimaire an 11 avait prescrit, article 8, que le *Bulletin des lois* serait envoyé directement aux membres de la Convention, à toutes les autorités constituées et à tous les fonctionnaires publics chargés de surveiller l'exécution des lois et d'en faire l'application.

Cette disposition fut maintenue et confirmée, sous réserve de quelques modifications dans les affectations, par les lois du 8 pluviôse an III et du 12 vendémiaire an IV.

Les dépenses de l'Imprimerie nationale étant alors à la charge directe du Trésor public, celui-ci faisait les frais du service gratuit créé par les textes ci-dessus rappelés.

Mais l'arrêté des Consuls du 19 frimaire an x modifia cette situation par son article 5, ainsi conçu :

« V. A compter du 1ᵉʳ vendémiaire an x, les dépenses dites du fonds de l'Imprimerie et celles de l'envoi des lois ne seront plus à la charge du Trésor public; elles seront prises, comme toutes les autres dépenses de l'établissement, sur ses divers produits résultant, soit des ordonnances délivrées par les ministres pour frais d'imprimés de leurs ministères, soit des ouvrages des sciences et arts, soit enfin des abonnements officiels et particuliers. »

L'article 11 du même arrêté ajoutait :

« XI. Le *Bulletin des lois* sera imprimé dans la forme actuelle et envoyé gratuitement aux autorités constituées et aux fonctionnaires publics qui jusqu'à ce jour l'ont reçu de cette manière. »

Un décret impérial du 25 mai 1811 confirma, articles 6, 8 et 10, les obligations faites à l'Imprimerie nationale par l'arrêté du 19 frimaire an x, mais limita à 10,000 exemplaires le service gratuit du *Bulletin des lois*, et ajouta, article 7, que

« dans le cas où le service gratuit viendrait à nécessiter un plus grand nombre de distributions de la série courante, ou de nouvelles distributions de séries antérieures, elles ne pourront avoir lieu qu'au moyen d'abonnements souscrits sur les fonds des départements du ministère qui les requerront. »

L'ordonnance royale du 28 décembre 1814, en confiant à un régisseur intéressé la gestion de l'Imprimerie royale, maintint pour ce régisseur l'obligation du service gratuit, mais réduisit ce service à 6,000 exemplaires.

Ce chiffre fut élevé à 7,000 exemplaires par l'ordonnance du 12 janvier 1820, qui maintenait la régie intéressée de l'Imprimerie royale, tout en modifiant certaines conditions du privilége légal de l'établissement.

L'ordonnance du 23 juillet 1823, qui restitua à l'État la gestion de l'Imprimerie royale, ne changea rien au régime du service gratuit du *Bulletin des lois;* mais une nouvelle ordonnance, du 21 septembre 1830, fixa ainsi qu'il suit ce service :

7,000 exemplaires de la partie principale du *Bulletin des lois.*

3,500 exemplaires de la partie supplémentaire *idem.*

Enfin un décret du 6 mars 1876 a élevé de 200 exemplaires le service gratuit de la partie principale.

ÉTAT comparatif du tirage et du service gratuit du Bulletin des lois *à différentes époques.*

ÉPOQUES.	TIRAGE.		SERVICE GRATUIT.	
	PARTIE PRINCIPALE.	NUMÉROS *bis* ou partie supplémentaire.	PARTIE PRINCIPALE.	NUMÉROS *bis* ou partie supplémentaire.
1811	68,700	//	10,000	//
1824	50,500	8,450	7,000	//
1830	49,000	8,000	7,000	3,500
1876	12,500	4,700	7,200	3,500

IV.

TABLES GÉNÉRALE ET DÉCENNALES DU *BULLETIN DES LOIS*, CHIFFRES DE TIRAGE ET PRIX DE VENTE.

DÉSIGNATION DES ARTICLES.	TIRAGE.	NOMBRE de VOLUMES.	PRIX DE VENTE PRIMITIVEMENT FIXÉS.	PRIX ACTUELS. — Décision ministérielle du 24 novembre 1874.
Table générale { de 1789 à 1814.	∥	4 vol. in-8°.	9 fr. pour les communes. 12 fr. pour les particuliers.	12 fr.
Table décennale { de 1814 à 1823.	38,500	1 vol. in-8°.	Décision ministérielle du 5 juillet 1827. 3 fr. pour les communes. 5 fr. pour les abonnés. 7 fr. pour les particuliers à Paris. 9 fr. 50 c. pour les particuliers dans les départements. Décision ministérielle du 5 juillet 1827. 5 fr. pour le public. Arrêté ministériel du 28 décembre 1829.	5 fr.
Table décennale { de 1824 à 1833.	35,000	1 vol. in-8°.	3 fr. pour les communes. 5 fr. pour les particuliers. Décision ministérielle du 7 juin 1833.	5 fr.
de 1834 à 1843.	∥	1 vol. in-8°.	3 fr. pour les communes. 5 fr. pour les particuliers. Décision ministérielle du 7 juillet 1842.	5 fr.

DÉSIGNATION DES ARTICLES.	TIRAGE.	NOMBRE de VOLUMES.	PRIX DE VENTE PRIMITIVEMENT FIXÉS.	PRIX ACTUELS. — Décision ministérielle du 24 novembre 1874.
	de 1844 à 1853.	19,000	1 vol. in-8°.	3 fr. pour les communes. 5 fr. pour les particuliers.	5 fr.
Table décennale (Suite.)	de 1854 à 1863. Partie principale. 12,000	1 vol. in-8°.	Décision ministérielle du 19 avril 1855. 3 fr. pour les communes. 3 fr. pour les particuliers.	3 fr.
	Partie supplémentaire. 4,500	1 vol. in-8°.	3 fr. pour les communes. 3 fr. pour les particuliers.	3 fr.
	de 1864 à 1873. Partie principale. 5,500	1 vol. in-8°.	Décision ministérielle du 26 juin 1865. 3 fr. pour les communes. 3 fr. pour les particuliers.	3 fr.
	Partie supplémentaire. 3,000	1 vol. in-8°.	3 fr. pour les communes. 3 fr. pour les particuliers. Décision ministérielle du 5 mars 1874.	3 fr.